TESTAMENT

DE

NAPOLÉON.

~~~~~~~~~~~~~~~~~~~~~~~~~~~

PRIX : I FRANC.

~~~~~~~~~~~~~~~~~~~~~~~~~~~

A PARIS,

CHEZ GERMAIN MATHIOT, LIBRAIRE,

Éditeur des *Paroles et Faits memorables de Napoléon*, et du *Tableau chronologique représentant les Victoires des Français*,

RUE DE L'HIRONDELLE, N° 22, PRÈS LE PONT SAINT-MICHEL.

1830.

IMPRIMERIE DE DEMONVILLE,
Rue Christine, n° 2.

TESTAMENT

D E

NAPOLÉON.

Cejourd'hui, 15 avril 1821, à Longwood
île de Sainte-Hélène.

Ceci est mon Testament, ou acte de ma dernière
volonté.

ART. I. 1° Je meurs dans la religion apostolique et romaine, dans le sein de laquelle je suis né il y a plus de cinquante ans.

2° Je désire que mes cendres reposent sur les bords de la Seine, au milieu de ce peuple français que j'ai tant aimé.

3° J'eus toujours à me louer de ma très-chère épouse Marie-Louise. Je lui conserve, jusqu'au dernier moment, les plus tendres sentimens : je la prie de veiller pour garantir mon fils des embûches qui environnent encore son enfance.

4° Je recommande à mon fils de ne jamais oublier qu'il est né prince français, et de ne jamais se prêter à être un instrument entre les mains des triumvirs qui oppriment les peuples de l'Europe. Il ne doit jamais combattre ni nuire en aucune manière à la France : il doit adopter ma devise : *Tout pour le peuple français.*

1

5° Je meurs prématurément, assassiné par l'oligarchie anglaise et son sicaire. Le peuple anglais ne tardera pas à me venger.

6° Les deux issues si malheureuses des invasions de la France, lorsqu'elle avait encore tant de ressources, sont dues aux trahisons de M*****, A*****, T***** et F*****. Je leur pardonne. Puisse la postérité française leur pardonner comme moi !

7° Je remercie ma bonne et très-excellente mère, le cardinal, mes frères Joseph, Lucien, Jérôme, Pauline, Caroline, Julie, Hortense, Catarine, Eugène, de l'intérêt qu'ils m'ont conservé. Je pardonne à Louis le libelle qu'il a publié en 1820. Il est plein d'assertions fausses et de pièces falsifiées.

8° Je désavoue le Manuscrit de Sainte-Hélène et autres ouvrages sous le titre de *Maximes, Sentences,* etc., que l'on s'est plu à publier depuis six ans : ce ne sont pas là les règles qui ont dirigé ma vie. J'ai fait arrêter et juger le duc d'Enghien, parce que cela était nécessaire à la sûreté, à l'intérêt et à l'honneur du peuple français, lorsque... entretenait, de son aveu, soixante assassins à Paris. (Dans de semblables circonstances j'agirais de même.)

II. 1° Je lègue à mon fils les boîtes, ordres et autres objets, tels que l'argenterie, lit de camp, armes, selles, éperons, vases de ma chapelle, livres, linge qui a servi à mon corps et à mon usage, conformément à l'état annexé, coté (A). Je désire que ce faible legs lui soit cher, comme lui retraçant le souvenir d'un père dont l'univers l'entretiendra.

2° Je lègue à lady Holland le camée antique que le pape Pie VI m'a donné à Tolentino.

3° Je lègue au comte Montholon deux millions

de francs, comme une preuve de ma satisfaction des soins filials qu'il m'a rendus depuis six ans, et pour l'indemniser des pertes que son séjour à Sainte-Hélène lui a occasionées.

4° Je lègue au comte Bertrand cinq cent mille francs.

5° Je lègue à Marchand, mon premier valet de chambre, quatre cent mille francs : les services qu'il m'a rendus sont ceux d'un ami : je désire qu'il épouse une veuve, sœur ou fille d'un officier ou soldat de ma vieille garde.

6° *Idem* à Saint-Denis, cent mille francs.

7° *Idem* à Novare, cent mille francs.

8° *Idem* à Peyron, cent mille francs.

9° *Idem* à Archambaud, cinquante mille.

10° *Idem* à Corsor, vingt-cinq mille.

11° *Idem* à Chandell, *idem*.

12° A l'abbé Vignale cent mille francs. Je désire qu'il bâtisse sa maison près de Ponte-Novo de Rostino.

13° *Idem* au comte de Las-Cases, cent mille francs.

14° *Idem* au comte de Lavalette, cent mille francs.

15° *Idem* au chirurgien en chef Larrey, cent mille francs. C'est l'homme le plus vertueux que j'aie connu (1).

16° *Idem* au général Brayer, cent mille francs.

17° *Idem* au général Lefèvre-Desnouettes, cent mille francs.

---

(1) On trouve au *Mémorial*, tome VI, mercredi 23 octobre 1816, la circonstance intéressante et curieuse qui a mérité une si magnifique apostille.

18° *Idem* au général Drouot, cent mille francs.

19° *Idem* au général Cambronne, cent mille francs.

20° *Idem* aux enfans du général Mouton-Duverney, cent mille francs.

21° *Idem* aux enfans du brave La Bédoyère, cent mille francs.

22° *Idem* aux enfans du général Girard, tué à Ligny, cent mille francs.

23° *Idem* aux enfans du général Chartrand, cent mille francs.

24° *Idem* aux enfans du vertueux général Travost, cent mille francs.

25° *Idem* au général Lallemand, l'aîné, cent mille francs.

26° *Idem* au comte Réal, cent mille francs.

27° *Idem* à Costa de Bastilica en Corse, cent mille francs.

28° *Idem* au général Clausel, cent mille francs.

29° *Idem* au baron de Menevalle, cent mille francs.

30° *Idem* à Arnault, auteur de *Marius*, cent mille francs.

31° *Idem* au colonel Marbot, cent mille francs : Je l'engage à continuer à écrire pour la défense de la gloire des armes françaises, et à confondre les calomniateurs et les apostats.

32° *Idem* au baron Bignon, cent mille francs : Je l'engage à écrire l'histoire de la diplomatie française, de 1792 à 1815.

33° *Idem* à Poggi, de Talaro, cent mille francs.

34° *Idem* au chirurgien Emmery, cent mille francs.

35° Ces sommes seront prises sur les six millions que j'ai placés en partant de Paris, en 1815, et sur les intérêts à raison de 5 pour 100, depuis juillet 1815; les comptes en seront arrêtés avec le banquier, par les comtes Montholon, Bertrand et Marchand.

36° Tout ce que ce placement produira au-delà de la somme de 5,600,000 fr. , dont il a été disposé ci-dessus, sera distribué en gratifications aux blessés de Waterloo, et aux officiers et soldats du bataillon de l'île d'Elbe, sur un état arrêté par Montholon, Bertrand, Drouot, Cambronne et le chirurgien Larrey.

37° Ces legs, en cas de mort, seront payés aux veuves et enfans, et au défaut de ceux-ci, rentreront à la masse.

III. 1° Mon domaine privé était ma propriété, dont aucune loi française ne m'a privé, que je sache. Le compte en sera demandé au baron de La Bouillerie, qui en était le trésorier. Il doit se monter à plus de 200,000,000 fr. , savoir : 1° le portefeuille contenant les économies que j'ai pendant quatorze ans faites sur ma liste civile, lesquelles se sont élevées à plus de 12,000,000 par an : j'ai bonne mémoire; 2° le produit de ce portefeuille; 3° les meubles de mes palais, tels qu'ils étaient en 1814. Les palais de Rome, Florence, Turin, compris tous ces meubles, ont été achetés des deniers des revenus de la liste civile; 4° la liquidation de mes maisons du royaume d'Italie, tels qu'argent, bijoux, meubles, écuries ; les comptes en seront donnés par le prince Eugène, et l'intendant de la couronne Compagnoni.

2° Je lègue mon domaine privé, moitié aux officiers et soldats qui restent des armées françaises qui ont combattu depuis 1792 jusqu'à 1815, pour la gloire et l'indépendance de la nation. La répartition en sera faite au prorata des appointemens d'activité. Moitié aux villes et campagnes d'Alsace, de Lorraine, de Franche-Comté, de Bourgogne, de l'Ile de France, de Champagne, Forez, Dauphiné, qui auraient souffert par l'une ou l'autre invasion. Il sera de cette somme prélevé un million pour la ville de Brienne, et un million pour la ville de Méry.

J'institue les comtes Montholon, Bertrand et Marchand mes exécuteurs testamentaires.

Ce présent testament, tout écrit de ma propre main, est signé et scellé de mes armes.

Signé NAPOLÉON.

Etat A joint à mon Testament.

I. 1° Les vases sacrés qui ont servi à ma chapelle à Longwood.

2° Je charge l'abbé Vignale de les garder et de les remettre à mon fils quand il aura seize ans.

II. 1° Mes armes, savoir : mon épée, celle que je portais à Austerlitz, le sabre de Sobieski, mon poignard, mon glaive, mon couteau de chasse, mes deux paires de pistolets de Versailles.

2° Mon nécessaire d'or, celui qui m'a servi le matin d'Ulm, d'Austerlitz, d'Iéna, d'Eylau, de Friedland, de l'île de Lobau, de la Moscowa, de Montmirail. Sous ce point de vue, je désire qu'il soit précieux à mon fils. (Le comte Bertrand en est dépositaire depuis 1814.)

3° Je charge le comte Bertrand de soigner et conserver ces objets, et de les remettre à mon fils quand il aura seize ans.

III. 1° Trois petites caisses d'acajou contenant, la première, trente-trois tabatières ou bonbon-

nières; la deuxième, douze boîtes aux armes im-
périales , deux petites lunettes et quatre boîtes
trouvées sur la table de Louis XVIII, aux Tuile-
ries, le 20 mars 1815; la troisième, trois tabatières
ornées de médailles d'argent , à l'usage de l'Empereur , et divers effets de toilette , conformément
aux états numérotés I , II , III.

2° Mon lit de camp, dont j'ai fait usage dans
toutes mes campagnes.

3° Ma lunette de guerre.

4° Mon nécessaire de toilette. Un de chacun de
mes uniformes, une douzaine de chemises , et un
objet complet de chacun de mes habillemens , et
généralement tout ce qui sert à ma toilette.

5° Mon lavabo.

6° Une petite pendule qui est dans ma chambre
à coucher de Longwood.

7° Mes montres, et la chaîne de cheveux de l'Impératrice.

8° Je charge Marchand , mon premier valet de
chambre, de garder ces objets et de les remettre
à mon fils lorsqu'il aura seize ans.

IV. 1° Mon médaillier.

2° Mon argenterie et ma porcelaine de Sèvres,
dont j'ai fait usage à Sainte-Hélène : états *b* et *c*.

3° Je charge le comte Montholon de garder ces
objets et de les remettre à mon fils quand il aura
seize ans.

V. 1° Mes trois selles et brides, mes éperons qui
m'ont servi à Sainte-Hélène.

2° Mes fusils de chasse, au nombre de cinq.

3° Je charge mon chasseur Novare de garder ces
objets, et de les remettre à mon fils quand il aura
seize ans.

VI. 1° Quatre cents volumes choisis dans ma bibliothèque, parmi ceux qui ont le plus servi à mon usage.

2° Je charge Saint-Denis de les garder, et de les remettre à mon fils quand il aura seize ans.

Signé NAPOLÉON.

ÉTAT (*a*).

1° Il ne sera vendu aucun des effets qui m'ont servi. Le surplus sera partagé entre mes exécuteurs testamentaires et mes frères.

2° Marchand conservera mes cheveux, et en fera faire un bracelet avec un petit cadenas en or pour être envoyé à l'impératrice Marie-Louise, à ma mère et à chacun de mes frères, sœurs, neveux, nièces, au cardinal, et un plus considérable pour mon fils.

3° Marchand enverra une de mes paires de boucles à souliers en or au prince Joseph.

4° Une petite paire de boucles en or à jarretières au prince Lucien.

5° Une boucle de col en or au prince Jérôme

ÉTAT (*a*).

Inventaire de mes effets, que Marchand doit garder pour remettre à mon fils.

1° Mon nécessaire d'argent, celui qui est sur ma table, garni de tous ses ustensiles, rasoirs, etc.

2° Mon réveil-matin. C'est le réveil-matin de Frédéric II, que j'ai pris à Postdam (dans la boîte n° III).

5° Mes deux montres , avec la chaîne des cheveux de l'impératrice , et une chaîne de mes cheveux pour l'autre montre. Marchand la fera faire à Paris.

4° Mes deux sceaux (un de France enfermé dans la boîte n° III).

5° La petite pendule dorée qui est actuellement dans ma chambre à coucher.

6° Mon lavabo , son pot à eau et son pied.

7° Mes tables de nuit , celles qui me servaient en France, et mon bidet de vermeil.

8° Mes deux lits de fer, mes matelas et mes couvertures , s'ils se peuvent conserver.

9° Mes trois flacons d'argent , où l'on mettait mon eau-de-vie , que portaient mes chasseurs en campagne.

10° Ma lunette de France.

11° Mes éperons , deux paires.

12° Trois boîtes d'acajou , n^{os} I, II, III, renfermant mes tabatières et autres objets.

13° Une cassolette en vermeil.

Linge de toilette.

6 Chemises.
6 Mouchoirs.
6 Cravates.
6 Serviettes.
6 Paires de bas de soie.
4 Cols noirs.
6 Paires de chaussettes.
2 Paires de draps de batiste.
2 Taies d'oreiller.
2 Robes de chambre.
2 Pantalons de nuit.

1 Paire de bretelles.
4 Culottes, veste de casimir blanc.
6 Madras.
6 Gilets de flanelle.
4 Caleçons.
6 Paires de gants.
1 Petite boîte pleine de mon tabac.
1 Boucle de col en or,
1 Paire de boucles de jarretières en or,
1 Paire de boucles en or à souliers,

} renfermées dans la petite boîte n° III.

Habillement.

1 Uniforme chasseur.
1 *Idem* grenadier.
1 *Idem* garde nationale.
1 Capote grise et verte.
1 Manteau bleu (celui que j'avais à Marengo).
1 Jebeline petite veste.
2 Paires de souliers.
2 Paires de bottes.
1 Paire de bottes.
1 Paire de pantoufles.
6 Ceinturons.

ÉTAT (*b*).

Inventaire des effets que j'ai laissés chez M. le comte de Turenne.

1 Sabre de Sobieski (1).

---

(1) C'est par erreur que ce sabre est porté sur l'état A. Celui-là est le sabre que l'Empereur portait à Aboukir, et qui est entre les mains de M. le comte Bertrand. »

1 Grand collier de la Légion d'honneur.
1 Glaive de consul.
1 Épée en fer.
1 Ceinturon de velours.
1 Collier de la Toison-d'Or.
1 Petit nécessaire en acier.
1 Veilleuse en argent.
1 Poignée de sabre antique.
1 Chapeau à la Henri IV et une toque, les dentelles de l'Empereur.
1 Petit médailler.
2 Tapis turcs.
2 Manteaux de velours cramoisi brodés, avec veste et culotte.

1° Je donne à mon fils :

Le sabre de Sobieski.
Le collier de la Légion d'honneur.
L'épée en vermeil.
Le glaive de consul.
L'épée en fer.
Le collier de la Toison-d'Or.
Le chapeau à la Henri IV et la toque.
Le nécessaire d'or pour les dents, resté chez le dentiste.

2° A l'impératrice Marie-Louise, mes dentelles.

A Madame, la veilleuse en argent.
Au cardinal, le petit nécessaire en acier.
Au prince Eugène, le bougeoir en vermeil.
A la princesse Pauline, le petit médailler.
A la reine de Naples, un petit tapis turc.
A la reine Hortense, un petit tapis turc.
Au prince Jérôme, la poignée de sabre antique.
Au prince Joseph, un manteau brodé, veste et culotte.

Au prince Louis, un manteau brodé, veste et culotte.

Signé NAPOLÉON.

Au dos des feuilles pliées et scellées, renfermant l'ensemble du Testament, se lisait : « *Ceci est mon Testament, écrit tout entier de ma propre main.*

NAPOLÉON.

Avril, le 16, 1821. — Longwood.

Ceci est un Codicille de mon Testament.

1° Je désire que mes cendres reposent sur les bords de la Seine, au milieu de ce peuple français que j'ai tant aimé.

2° Je lègue aux comtes Bertrand, Montholon et à Marchand, l'argent, bijoux, argenterie, porcelaine, meubles, livres, armes, et généralement tout ce qui m'appartient dans l'île de Sainte-Hélène.

Ce Codicille, tout entier écrit de ma main, est signé et scellé de mes armes.

Signé NAPOLÉON.

Au dos se lisait : « Ceci est un Codicille de mon Testament, écrit tout de ma propre main. »

NAPOLÉON.

Ce 24 avril 1821. Longwood.

Ceci est mon Codicille, ou acte de ma dernière volonté.

Sur la liquidation de ma liste civile d'Italie, tels que argent, bijoux, argenterie, linge, meubles, écuries, dont le vice-roi est dépositaire, et qui m'appartenaient, je dispose de deux millions que je lègue à mes plus fidèles serviteurs. J'espère que, sans s'autoriser d'aucune raison, mon fils Eugène

Napoléon les acquittera fidèlement. Il ne peut oublier les 40,000,000 que je lui ai donnés, soit en Italie, soit par le partage de la succession de sa mère.

1° Sur ces 2 millions je lègue au comte Bertrand 300,000 francs, dont il versera 100,000 dans la caisse du trésorier, pour être employés selon mes dispositions à l'acquit de legs de conscience.

2° Au comte Montholon, 200,000, dont il versera 100,000 dans la caisse pour le même usage que ci-dessus.

3° Au comte Las Cases, 200,000, dont il versera 100,000 dans la caisse pour le même usage que ci-dessus.

4° A Marchand, 100,000, dont il versera 50,000 à la caisse pour le même usage que ci-dessus.

5° Au comte Lavalette, 100,000.

6° Au général Hogendorp, hollandais, mon aide-de-camp, réfugié au Brésil, 50,000.

7° A mon aide-de-camp Corbinau, 50,000.

8° A mon aide-de-camp Cafarelli, 50,000.

9° A mon aide-de-camp Dejean, 50,000.

10° A Percy, chirurgien en chef à Waterloo, 50,000.

11° 50,000, savoir : 10,000 à Peyron, mon maître d'hôtel; 10,000 à Saint-Denis, mon premier chasseur; 10,000 à Novare; 10,000 à Corsor, mon maître d'office; 10,000 à Archambaud, mon piqueur.

12° Au baron Menevalle, 50,000.

13° Au duc d'Istrie, fils de Bessière, 50,000.

14° A la fille de Duroc, 50,000.

15° Aux enfans de Labédoyère, 50,000.

16° Aux enfans de Mouton-Duverney, 50,000.

17° Aux enfans du brave et vertueux général Travot, 50,000.

18° Aux enfans de Chartrand, 5o,ooo.

19° Au général Cambronne, 5o,ooo.

20° Au général Lefèvre-Desnouettes, 5o,ooo.

21° Pour être répartis entre les proscrits qui errent en pays étrangers, Français, ou Italiens, ou Belges, ou Hollandais, ou Espagnols, ou des départemens du Rhin, sur ordonnance de mes exécuteurs testamentaires, 1oo,ooo.

22° Pour être réparlis entre les amputés ou blessés grièvement de Ligny, Waterloo, encore vivans, sur des états dressés par mes exécuteurs testamentaires, auxquels seront joints Cambronne, Larrey, Percy et Emmery; il sera donné double à la garde, quadruple à ceux de l'île d'Elbe, 2oo,ooo.

Ce Codicille est écrit entièrement de ma propre main, signé et scellé de mes armes.

NAPOLÉON.

Au dos était écrit : « Ceci est mon Codicille ou acte de ma dernière volonté, dont je recommande l'exacte exécution a mon fils Eugène Napoléon. Il est tout écrit de ma propre main.

NAPOLÉON.

Ce 24 avril 1821. Longwood.

Ceci est un troisième Codicille à mon Testament du 15 avril.

1° Parmi les diamans de la couronne qui furent remis en 1814, il s'en trouvait pour 5o,ooo,ooo de livres qui n'en étaient pas, et faisaient partie de mon avoir particulier. On les fera rentrer pour acquitter mes legs.

2° J'avais chez le banquier Torlonia, de Rome, 2 à 3oo,ooo livres en lettres de change de mes revenus de l'île d'Elbe; depuis 1815, le sieur de

Peyrusse, quoiqu'il ne fût plus mon trésorier, et n'eût pas de caractère, a tiré à lui cette somme; on la lui fera restituer.

3° Je lègue au duc d'Istrie trois cent mille francs, dont seulement cent mille francs réversibles à la veuve, si le duc était mort lors de l'exécution des legs. Je désire, si cela n'a aucun inconvénient, que le duc épouse la fille de Duroc.

4° Je lègue à la duchesse de Frioul, fille de Duroc, deux cent mille francs. Si elle était morte avant l'exécution du legs, il ne sera rien donné à la mère.

5° Je lègue au général Rigaud, celui qui a été proscrit, cent mille francs.

6° Je lègue à Boisnod, commissaire-ordonnateur, cent mille francs.

7° Je lègue aux enfans du général Letort, tué dans la campagne de 1815, cent mille francs.

8° Ces 800,000 livres de legs seront comme s'ils étaient portés à la suite de l'article 36 de mon Testament, ce qui porterait à 6,400,000 livres la somme des legs dont je dispose par mon Testament, sans comprendre les donations faites par mon se cond Codicille.

Ceci est écrit de ma propre main, signé et scellé de mes armes.

NAPOLÉON.

Au dos se lisait : « Ceci est mon troisième Codicille à mon Testament, tout entier écrit de ma main, signé et scellé de mes armes. »

Sera ouvert le même jour, et immédiatement après l'ouverture de mon Testament.

NAPOLÉON.

Ce 24 avril 1821. Longwood.

Ceci est un quatrième Codicille à mon Testament.
Par les dispositions que nous avons faites pré-
cédemment, nous n'avons pas rempli toutes nos
obligations, ce qui nous a décidé à faire ce
quatrième Codicille.

1° Nous léguons au fils ou petit-fils du baron
Dutheil, lieutenant - général d'artillerie, ancien
seigneur de Saint-André, qui a commandé l'école
d'Auxonne, avant la révolution, la somme de
100,000, cent mille francs, comme souvenir de
reconnaissance pour les soins que ce brave général
prit de nous, lorsque nous étions comme lieutenant
et capitaine sous ses ordres.

2° *Idem* au fils ou petit-fils du général Dugom-
mier, qui a commandé en chef l'armée de Toulon,
la somme de cent mille francs (100,000). Nous
avons sous ses ordres dirigé ce siége, commandé
l'artillerie. C'est en témoignage de souvenir pour
les marques d'estime, d'affection et d'amitié que
nous a données ce brave et intrépide général.

3° *Idem* nous léguons cent mille francs (100,000)
aux fils ou petits-fils du député de la Convention
Gasparin, représentant du peuple à l'armée de
Toulon, pour avoir protégé, sanctionné de son au-
torité le plan que nous avons donné, qui a valu la
prise de cette ville, et qui était contraire à celui
envoyé par le Comité de salut public. Gasparin
nous a mis par sa protection à l'abri des persécu-
tions de l'ignorance des états-majors qui comman-
daient l'armée avant l'arrivée de mon ami Du-
gommier.

4° *Idem* nous léguons cent mille francs (100,000)
à la veuve, fils ou petit-fils de notre aide-de-camp

Muiron, tué à nos côtés à Arcole, nous couvrant de son corps.

5° *Idem* (10,000) dix mille francs au sous-officier Cantillon qui a essuyé un procès, comme prévenu d'avoir voulu assassiner lord Wellington, ce dont il a été déclaré innocent. Cantillon avait autant de droit d'assassiner cet oligarque que celui-ci de m'envoyer, pour y périr, sur le rocher de Sainte-Hélène. Wellington, qui a proposé cet attentat, cherchait à le justifier sur l'intérêt de la Grande-Bretagne. Cantillon, si vraiment il eût assassiné le lord, se serait couvert, et aurait été justifié par les mêmes motifs, l'intérêt de la France, de se défaire d'un général qui d'ailleurs avait violé la capitulation de Paris, et par là s'était rendu responsable du sang des martyrs Ney, Labédoyère, etc., et du crime d'avoir dépouillé les musées contre le texte des traités.

6° 410,000, quatre cent dix mille francs seront ajoutés aux 6,400,000 dont nous avons disposé, et porteront mes legs à 6,810,000. Ces 410,000 doivent être considérés comme faisant partie de notre Testament, article 35, et suivre en tout le même sort que les autres legs.

7° Les 9,000 liv. sterling que nous avons données aux comte et à la comtesse de Montholon, doivent, si elles ont été soldées, être déduites et portées en compte sur les legs que nous lui faisons par nos Testamens : si elles n'ont pas été acquittées, nos billets seront annulés.

8° Moyennant le legs fait par notre Testament au comte Montholon, la pension de 20,000 fr. accordée à sa femme est annulée : le comte Montholon est chargé de la lui payer.

9° L'administration d'une pareille succession,

3

jusqu'à son entière liquidation, exigeant des frais
de bureau, de courses, de missions, de consulta-
tions, de plaidoieries, nous entendons que nos exécuteurs testamentaires retiendront 3 p. 100, trois
pour cent, sur tous les legs, soit sur les 6,800,000
francs, soit sur les sommes portées dans les Codi-
cilles, soit sur les 200,000,000 du domaine privé.

10° Les sommes provenant de ces retenues seront
déposées dans les mains d'un trésorier, et dépen-
sées sur mandat de nos exécuteurs testamentaires.

11° Si les sommes provenant desdites retenues
n'étaient pas suffisantes pour pourvoir aux frais, il
y sera pourvu aux dépens des trois exécuteurs testamentaires et du trésorier, chacun dans la pro-
portion du legs que nous leur avons fait par notre
Testament et Codicille.

12° Si les sommes provenant desdites retenues
sont au-dessus des besoins, le restant sera partagé
entre nos trois exécuteurs testamentaires et le trésorier, dans le rapport de leurs legs respectifs.

13° Nous nommons le comte de Las Cases, et,
à son défaut, son fils, et, à son défaut, le général
Drouot, trésorier.

Ce présent Codicille est entièrement écrit de
notre main, signé et scellé de mes armes.

Signé NAPOLÉON.

Ce 24 avril 1821. Longwood.

*Ceci est mon Codicille ou acte de ma dernière
volonté.*

Sur les fonds remis en or à l'impératrice Marie-
Louise, ma très-chère et bien-aimée épouse, à Or-
léans, en 1814, elle reste me devoir deux millions,
dont je dispose par le présent Codicille, afin de

récompenser mes plus fidèles serviteurs, que je recommande du reste à la protection de ma chère Marie-Louise.

1° Je recommande à l'Impératrice de faire restituer au comte Bertrand les 3o,ooo livres de rentes qu'il possède dans le duché de Parme, et sur le mont Napoléon de Milan, ainsi que les arrérages échus.

2° Je lui fais la même recommandation pour le duc d'Istrie, la fille de Duroc et autres de mes serviteurs qui me sont restés fidèles, et qui me sont toujours chers : elle les connaît.

3° Je lègue sur les deux millions ci-dessus mentionnés, trois cent mille francs au comte Bertrand, sur lesquels il versera 100,000 dans la caisse du trésorier, pour être employés, selon mes dispositions, à des legs de conscience.

4° Je lègue 200,000 au comte Montholon, sur lesquels il versera 100,000 dans la caisse du trésorier, pour le même usage que ci-dessus.

5° *Idem* 200,000 au comte Las Cases, sur lesquels il versera 100,000 dans la caisse du trésorier pour le même usage que ci-dessus.

6° *Idem* à Marchand, 100,000, sur lesquels il versera 5o,ooo dans la caisse pour le même usage que ci-dessus.

7° Au maire d'Ajaccio, au commencement de la révolution, Jean-Jérôme Lewie ou à sa veuve, enfans ou petits-enfans, 100,000 liv.

8° A la fille de Duroc, 100,000.

9° Au fils de Bessières, duc d'Istrie, 100,000.

10° Au général Drouot, 100,000.

11° Au comte Lavalette, 100,000.

12° *Idem* 100,000, savoir : 25,000 à Peyron, mon maître d'hôtel; 25,000 à Novare, mon chasseur ; 25,000 à Saint-Denis, le garde de mes livres ; 25,000 à Santini, mon ancien huissier.

13° *Idem* 100,000, savoir : 40,000 à Planat, mon ancien officier d'ordonnance; 20,000 à Hébert, dernièrement concierge à Rambouillet, et qui était de ma chambre en Egypte ; à Lavigne, qui était dernièrement concierge d'une de mes écuries, et qui était mon piqueur en Egypte ; à Jeannet Dervieux, qui était piqueur des écuries, et me servait en Egypte.

14° Deux cent mille francs seront distribués en aumônes aux habitans de Brienne-le-Château, qui ont le plus souffert.

15° Les trois cent mille francs restant seront distribués aux officiers et soldats du bataillon de ma garde de l'île d'Elbe actuellement vivans, ou à leurs veuves et enfans, au prorata des appointemens, et selon l'état qui sera arrêté par mes exécuteurs testamentaires. Les amputés ou blessés grièvement auront le double. L'état en sera arrêté par Larrey et Emmery.

Ce Codicille est tout écrit de ma propre main, signé et scellé de mes armes.

NAPOLÉON.

Au dos était écrit : « Ceci est mon Codicille ou acte de ma dernière volonté, dont je recommande l'exécution a ma très-chère épouse l'impératrice Marie-Louise.

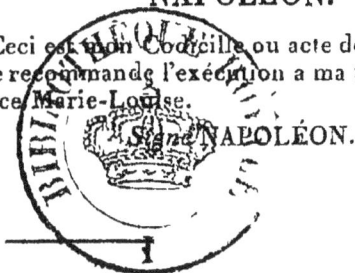

Signé NAPOLÉON.

Essai sur la monarchie de Napoléon, 2 vol. in-8, 7 fr.

Vie privée, politique et morale de Carnot, 1 vol. in-12 ; prix 2 fr.

Fouché (de Nantes), sa vie privée, politique et morale, depuis son entrée à la Convention jusqu'à sa mort, 1 vol. in-12 avec son portrait; prix, 3 fr.

Histoire de la Guerre d'Espagne et du Portugal, traduit de l'anglais du colonel Sir John Jones, 2 vol. in-8°, papier fin satiné, avec la carte du théâtre de la guerre de l'Espagne et du Portugal; prix, 8 fr.

Histoire de la révolution d'Espagne en 1820, 1 vol. in-8; prix, 4 fr.

Les Merveilles de la nature humaine, ou description des êtres phénomènes les plus remarquables qui ont paru sur la surface du globe, depuis le commencement du monde jusqu'à ce jour, 1 vol. in-12 avec 6 jolies figures ; prix, 3 fr. broch. et 3 fr. 50 c. cartonné par Bradel.

Le Magicien de Société, ou le Diable couleur de rose, recuei. amusant de tours de chimie, de physique, mathématique, d'arithmétique, et de plusieurs tours de cartes ; avec la véritable manière d'apprendre soi-même à tirer les cartes; 3ᵉ édit. considérablement augmentée d'après les séances données par M. Comte, physicien du roi, 1 gros vol. in-12, papier satiné avec beaucoup de figures; prix, 3 fr. broch. et 3 fr. 50 cartonné par Bradel.

Ce joli Recueil est terminé par la règle de l'Impériale, de l'Écarté, de la Triomphe, de la Mouche, du Boston, de la Bouillotte, du Trictrac, des Echecs ,et du Piquet à écrire.

www.ingramcontent.com/pod-product-compliance
Lightning Source LLC
Chambersburg PA
CBHW032300210326
41520CB00048B/5769